manifesto marginal
Maria Fernanda Vasconcelos de Almeida

cacha
lote

manifesto marginal

Maria Fernanda Vasconcelos de Almeida

INFRAVERMELHO

talvez de meu poema não
sobre nada além de noite
estrelada em biarritz

sobre nada mais
a ser dito

sobretudo de vestido

PARA POETA DE ARCO E FLECHA

se pensar de novo
o que não falta é

coragem

à margem
do livro:

resumo capítulo
final e glossário

antes do título
eu sou

nome composto

personagem
amor profundo

de volta inteira

PARTI PRIS
para ana cristina cesar

se eu fosse alice entrava agora porta adentro nua e crua: meu bem é o que ele pensava antes de dormir: coração desenhado no espelho insone de madrugada: e ainda dizem que é assim que se contam blessings de amor correspondido

contudo não confie
no autor

que se apresenta
à página

12

porque poeta não sei
se sou eternamente

protagonista de fato

na cena que retrato
antes do final

de tarde

MANCHETE PRINCIPAL

na folha ilustrada
líquida de amor

escorro por dentro
e assino
 embaixo:

eu sou a poetinha calada
de pernas cruzadas

no meio da sala

(enfim sós)

DADDY DREAM
barato tropical

um tigre direto
de meu lado b

urso de pelúcia

um tigre de fato
não é o primeiro

um tigre de fato
não é o segundo

tigre que conto

depois

de

william blake

ESTATE
para joão gilberto

ex
tintore

atto uno

un filo di fumo

un po' di vapore

non fa male
        a netuno

INVERSO AGUDO

porque não sou eu
que prometeu

leve
embora no bolso

verso romântico
escrito

inverso
no travesseiro

plano cartesiano:

     e agora só o que resta é colocar um par de brincos dourados para percorrer vida inteira longe daqui

fundamental apressar o ritmo dos telefonemas
para garantir o mínimo de compostura

na hora da despedida

disse o poeta na página anterior: é melhor ir logo direto ao assunto para que a engrenagem funcione novamente basta adicionar marginal elemento a cada página ímpar

para facilitar a leitura de bilhete do vizinho basta colocar disco de billie holiday na vitrola

CONTORNO NEGRO

por onde passo
corpo móvel

eu sou pêndulo
permanente

na folha branca
eu sou palavra

na última noite
de final de ano

disparo telefone
ele em voz alta

estranhamente
familiar

por onde passo
de fininho

corto caminho
em silêncio

à vontade

AMUSE-BOUCHE

humano infinito
découpage:

por onde circula
paisagem

urbana percorro

labirinto de vida
curta

internamente

BALADA DO MELODRAMA
remix rimbaud

eis o significado literal
de um nome qualquer

eis a caligrafia firme
inteiramente escrita

em finíssima pena
de tinteiro francês

eis o nome sagrado
de melodrama

poesia bastante

para recitar rimbaud
na ponta da língua

estive horas a fio
de piteira na mão

grande abandono
à própria sorte

eu dedicatória

DEAR JOHN

comecei a escrever contos
em profusão quando voltei

da holanda sobre campos
oníricos onde encontrei

O Girassol Comprido

correndo atrás de mim

chovia sem parar quando
vi de relance o que é dito

rapaz que corria no eixo
vertical de uma avenida

como se fosse calvin
klein

PRIMEIRO PLANO A

vamos contar castanhas
no natal

SEGUNDO PLANO B

vamos salvar catarina
em apuros

quisera eu ter talento para afinar o piano antes da estreia quisera eu ter coragem de cortar caminho pela metade quisera ter passaporte no bolso para comprar passagem sem retorno de volta ao ponto onde tudo começou mas quisera é sempre passado oh mais que perfeito no enquadramento cinematográfico:

quisera não querer nada além daquilo que se quer normalmente quisera guardar para sempre a lição que aprendi no ano passado:

é melhor um calmante para o que não tem cura do que um amor que não tem fim

— e já no final da curva.

POEMA DE MIM SOLÚVEL

passo quase invisível por onde estou
como se não tivesse corpo

penso que
          quanto mais suave for o contorno
          mais discreto será o rastro

que deixarei como lembrança
de minha breve trajetória

na curva parada
sou personagem

de cena comum
em kopenhagen

na curva parece
que dia anoitece

mas não acontece
desfecho algum

OS NOMES DO POETA

é que sou mutante
e nem sempre
autor

narrador diletante

de nome próprio
eu que me chamo

augusto soberano

NOTA PARTICULAR

    fazer uma pose para o poema
            na hora da foto: toda poesia vem
            de um prefixo
post

SUPONDO QUE SIM

e se todas as coisas acontecem exatamente da forma como imagino. e se a minha interpretação de fato corresponde ao que disse o palestrante. e se aquele rapaz sentado na primeira fila também concorda comigo. e se isso for o bastante para que nada mais aconteça. e se não houver nenhum aplauso depois do intervalo. e se o palestrante não for protestante. e se o protesto for divulgado ao vivo no instagram. e se for um protesto no hall de entrada. e se não houver registro de discurso em público. e se o museu não tiver nenhum acervo. e se por acaso nada disso acontecer depois, que faço eu agora?

no ano passado comecei a escrever longuíssima carta de despedida

que ainda não tem destinatário:

dear stephen

nada é mais difícil na vida do que passar um grande amor a limpo

o que me invade agora é sentimento que classifico como marginal elementar

e - logo em seguida - já no parágrafo seguinte:

é que não consigo viver

longe de mim

eu canto para que nada se perca no labirinto que te encanta

cada um é que sabe qual é a valsa
que a orquestra ensaia

pela metade

primeira resolução de ano novo: talvez cinderela mas nem tanto assim

ARQUITETURA MODERNISTA

passo figurino
fora de moda

no inverno que
muda contexto

mas

coelho na cartola
é o que convém

não seja cafona
não seja carola

ontem eu recebi
cartão vermelho

com votos de
amor perfeito

HIGH NOON

eu quero sol
por escrito

sou eu que diz
o sol no verso

sentido diverso
qual é

da vasta multitude
    de pequenas coisas

busco resgatar vida plena
    na superfície

para quem nasceu em pleno inverno pode parecer estranho que tamanho não seja documento afinal no arquivo de ditos populares existe um teorema a partir do qual não é possível comprovar que há luz onde não houver sombra embora mesmo assim tão habituado estava a falar de si próprio que se transformou em coleção de moléculas cuidadosamente reunidas em volume de carne e osso de volta de bruxelas rapaz passa mão na testa enquanto filete de luz atravessa sala na diagonal

        dito isso
          para que ninguém pense que a vida se resume apenas a um rapaz que passa mão na testa fora de lugar

até breve

TAROT TOTAL

diz o tarólogo que é bom ter cuidado com as palavras
para quem tem mercúrio retrógrado no mapa-múndi

mas o fato é que agora falta muito pouco
para quem dá as cartas dentro de casa

e se até lá só o que interessa é a descoberta
de juras de amor eterno como prometeu

saturno no telescópio
então

é isso que importa

HOMENAGEM A MIKE

o mundo é cena aberta
símbolo passageiro

se fosse um enigma
que não se decifra

não seria mundo
de corpo inteiro

movimento acelerado

imagem que se inverte
mike no espelho

dez no xadrez
ou talvez

um de cada vez
de pura timidez

era uma vez

bob divagando
em veneza

de luva negra
no harry's bar

xx

MOTEL COPACABANA

calendário parafernália

tantalizante &
totalitário

tanto faz como
tanto fez

berenice imperatrice
sem camisinha

desconto para freguês
só depois das três

infinita teoria
literariament
e mini
malist
a

pensamento
avulso

no meu papel
de mandrake

sem make up

SOTTO VOCE

certa vez sussurrei
centenas de vozes
até o fim

hoje escuto ecos
de mim mesma

repetindo baixinho
era uma vez

TATTOO

e a agulha que desliza no vinil é a mesma que risca minha pele para amplificar o registro de um conto de vida

REQUIEM MASS

a menos que ele
seja quem for

contorno noturno

beleza não põe
mesa nem altar

embora intercale
entre um e outro

paralelepípedo

para ler epílogo
de evangelho

segundo voz
interior

NO QUARTO A DOIS
para virginia woolf

silencio propenso
a mar aberto

desperto decerto
sem rumo certo

e só fico quieto

se for incerto
elemento

passo de salto alto
por mim porque
quem sou

não tem

fim

no meu corpo reside
inscrito outro que se
faz destino

semiótica

POEMA AVULSO

avesso no discurso
que improviso

avesso nos papéis
que coleciono

por acaso
por ocasião de

OUTRO TOM

outono de outro tom

ou troco de mim
de novo

PANORAMA NOTURNO

me estendo na língua e não dou
a mínima para controle remoto

na tela de tv ao vivo
me reviro de frente

porque

POEMA PROTOCOLAR

merecida homenagem
personalidade do ano

na moldura do retrato
que é comum de dois

Para zerar a soma de todas as palavras que foram ditas antes. Para retornar à origem de todas as coisas. Para reviver o instante primordial da grande descoberta. Para relembrar o dia em que aprendi a andar de bicicleta. Para a pergunta que ficou sem resposta. Movimente-se.

Ainda me lembro do espelho no hall do hotel.

Buscar um pouco mais de frisson no olhar do outro. Pensava nele mesmo quando estava fechada no tranco.

(meu corpo não pede nada além da morte
ainda que isso seja pouco)

LONDRES #2

doce melodia de pássaro do meio-dia
alegoria de morte suave que se revela
às margens do tâmisa

: theme thames

mas sem alarde

anuncio que de fato nunca foi tarde
longe daqui

: de volta ao tema

LONDRES #3

no táxi a caminho do aeroporto
corre paisagem lá fora

riscando vidro da janela
dentro do globo ocular

o que se rarefaz na névoa
é aquilo que naturalmente

acontece no final do ano
nas vitrines de natal

: umidade relativizada

fora isso só o que resta
é o que se considera

ponto final

NO PRINCÍPIO

participo do mundo
de forma aparente

como móbile
de calder

no teto da sala

participo do mundo
de forma aparente

decalque decorativo
de que me recordo

amplamente

POSTSCRIPT

marca língua
experiência
mística

de que falo
sobremodo

natural

quase kant

quantidade
plural

é o poema

que de fato
      se des
        faz

pela metade

Estou parado em Piccadilly para relembrar a criança que já fui um dia correndo em direção ao mar. Penso nela como se fosse Bonus Track.

Estou sentado na frente da janela para contemplar pássaros que voam entre duas árvores. Penso neles como Nijinsky pensava em Nureyev.

era para ser noite qualquer
na vida da autora

personagem que pronuncia
palavra garden

: compre um e leve dois

era para ser noite qualquer
na vida da autora

personagem que colhe flores
às margens do serpentine

as flores disse a autora
eram um enfeite

para mesa de jantar
mas

só depois de contar
até dois

em arquivo
word:

ítaca em itálico
movimento

circular

ímpeto ímpar
transparente

agora

imagine de
olho fechado

demarcando
limite

em formato

instagram
ático

qual é a nova onda
no meu panorama

de quem é a vez
na fila do cinema

quem te disse
que passou

quem nunca
naufragou

não era netuno

naturalmente

eu elaboro nota
de rodapé

no destino final
de vida comum

registro iniciais
de século xx

eu

autor anônimo

doze cavalos em disparada
como disse o narrador

para chamar a atenção
atravesso a pista

de corrida

de olhos fechados

de cor e salteado

estou de volta aos trilhos
                    ela disse

se eu arremessar
as botas

se eu arregaçar
os dentes

não perco o terceiro ato

e na sexta-feira ela finalmente enfiou a tomada no rabo do rei: receita infalível para combinar forma e conteúdo

VII

provar o que diz o almanaque:
o mundo é feito de lágrimas e sirenes

VIII

pesquisar termos no glossário:
para quem quiser colher de chá

ELEMENTO NATURAL

eu não sei quem sou
mas divago no risco

e de madrugada
acendo isqueiro

labareda no céu
que

me traduz

CHINOISERIE

lanternas vermelhas penduradas
no porão de mim profundo

III

eu sinto faltas de cavalos no country club
eu sinto falta de flores no jardim do hotel

afinal
eu sou uma artista naturista

que façanha

IV

reviro os punhos e acerto o passo
para fingir que para todo mal
existe cura

o que trago no bolso
é documentário:

barganhas apostas rumores
e velocípedes

desenrola língua lambe
a porta que é de vidro

lúgubre paisagem
azul turquesa

lobo de rabo comprido
e lupa na mão

faz de conta erotik

duas pernas de marionete inglesa

cartas que joguei
fora

e não se fala mais nisso

POEMA PANTOMIMA

no cartão-postal invento
redondezas brancas

meu corpo rodopia no ar
atiro e acerto no alvo

onde começa o frenesi:

era uma vez eu mesma
cordeirinho muito afável

minha mão percorre campo imaginário
não há palavra que me traduza

continente frio: correspondente
estrangeiro

ele tem razão

VI

querido diário: não esquecer
de lírio japonês

Meus pés descalços projetam sombras na parede. Exercício diário para desenvolver o faro e a astúcia. Eu vivo nas alturas, eu vivo na ponta dos dedos. Estou atravessando a zona sul de meus humores. Isso ainda vai longe.

Coloquei oito vidrinhos de comprimidos na prateleira em ordem decrescente de tamanho. Do vermelho profundo ao branco mais ardente de luz. Há sempre uma longa noite pela frente. Meus sonhos são viagens astrais. Minha vara é bola branca no quintal. Que tal.

querido diário: aqui é que realmente sou elas por elas

EPITÁFIO

cobriu-se a palavra de tinta

20 de outubro

Perdi o dicionário no parque. Fiquei tristíssima e não fui ao hospital. Thomas tentou se matar novamente. Dados ao acaso: então você não vê?

Não quero mais viver longe da neve.

leitmotiv: delicadamente dito por ela sem nenhuma afetação na voz
quase ríspida

jogo mon coeur no mar de rosas

                                        eu sou uma mulher de letras
                                        mas não sou sopa

nem sapo de cinderela

NOTA DE RODAPÉ

não é que agora
           não seja fatal

Minha luva de couro segura no volante
para desenhar a curva.

Nada me faz mais feliz do que um circo
em movimento.

O para-brisa arrasta chuva para longe
de meu caminho interior.

Alice no hall da estação escutava
gritos de terror.

Nenhuma rota de fuga além da morte.

Um Tintoretto? Perfeito.

Faltam só dez minutos para o intervalo.

espero desespero
no alto da escada

apressa teu passo
abrevia minha vida

embora nada

boia vermelha na superfície quadrada

boia como flutua a lua refletida
no lago do hotel

tenho afinidade com a natureza

boia vermelha: vaidade furiosa

por aqui marcando passo
quarenta anos atrás

de fato era hotel em chamas

porta-retrato
portátil

pequeno
colapso

porta múltiplas
personas

portanto basta

perseu exibe meu destino
na palma da mão

mas pegasus

pelo sopro me desfaz
em nota de rodapé

PEQUENA PRECE
é o que parece

liquidificador walita
livrai-me da dor

PEQUENO LAMENTO
enquanto penso

meu bem me quer
mal consegue regar

as flores de baudelaire

o que é poesia e o que não é:

bandeira sinaliza
desvio à esquerda

para onde sigo
no vapor barato

inteiramente morna

de tanto existir

SONDER

sobre um mapa
abre-te sésamo

& eu compasso

eu sou marginal elementar
vivo à margem do verso

porque poesia
não faltaria

mas

Não consigo me separar de quem eu sou quando estou narrando. Talvez porque quem narra é sempre um personagem de época, aquele que interpreto na frente do espelho. Amor que se declara nas horas mais inusitadas.

NOTA MARGINAL

Interpretei papel de figurinista em diferentes cidades do mundo inteiro. Em Nova York, por exemplo, tive amantes de todos os tipos e cruzei dois quarteirões sem pisar no freio.

NOTA DA EDITORA

Não tenho filhos porque não tenho vontade de cuidar de ninguém. Cada um que se vire como pode. Minha proposta é que o romance tenha começo, meio e fim.

Poderia a menina de óculos redondos divagar sobre física quântica sem perder a pose de leãozinho?

A última dos moicanos é uma heroína de Jane Austen.

CARA LEITORA, CARO LEITOR

A **Cachalote** é o selo de literatura brasileira do grupo **Aboio**.

Lemos, selecionamos e editamos com muito cuidado e carinho cada um dos livros do nosso catálogo, buscando respeitar e favorecer o trabalho dos autores, de um lado, e entregar a vocês, leitores, uma experiência literária instigante.

Nada disso, portanto, faria sentido sem a confiança que os leitores depositam no nosso trabalho. E é por isso que convidamos vocês a fazerem cada vez mais parte do nosso oceano!

Todas as apoiadoras e apoiadores das pré-vendas da **Cachalote**:

> — têm o nome impresso nos agradecimentos dos livros;
> — recebem 10% de desconto para a próxima compra de qualquer título do grupo Aboio.

Conheçam nossos livros e autores pelo site **aboio.com.br** e siga nossos perfis nas redes sociais. Teremos prazer em dividir com vocês todos nossos projetos e novidades e, é claro, ouvir suas impressões para sempre aprendermos como melhorar!

Embarque e nade com a gente.

Cada livro é um mergulho que precisa emergir.

APOIADORAS E APOIADORES

Agradecemos às **120 pessoas** que confiam e confiaram no trabalho feito pela equipe da Cachalote.

Sem vocês, este livro não seria o mesmo.

A todos os que escolheram mergulhar com a gente em busca de vozes diversas da literatura brasileira contemporânea, nosso abraço. E um convite: continuem acompanhando a Cachalote e conheçam nosso catálogo!

Adriane Figueira Batista
Alexander Hochiminh
Allan Gomes de Lorena
André Balbo
André Costa Lucena
André Pimenta Mota
Andreas Chamorro
Andressa Anderson
Anthony Almeida
Antonio Pokrywiecki
Arthur Lungov
Bianca Monteiro Garcia
Caco Ishak
Caio Balaio
Caio Girão
Calebe Guerra
Camilo Gomide
Carla Guerson
Cecília Garcia
Cintia Brasileiro
Claudine Delgado
Cleber da Silva Luz
Cristina Machado
Daniel A. Dourado
Daniel Dago
Daniel Dourado
Daniel Giotti
Daniel Guinezi
Daniel Leite
Daniel Longhi
Daniela Rosolen
Danilo Brandao

Denise Lucena Cavalcante
Dheyne de Souza
Diogo Mizael
Eduardo Rosal
Eduardo Valmobida
Enzo Vignone
Fábio Franco
Febraro de Oliveira
Flávia Braz
Flávio Ilha
Francesca Cricelli
Frederico da C. V. de Souza
Gabo dos livros
Gabriel Cruz Lima
Gabriel Stroka Ceballos
Gabriela Machado Scafuri
Gael Rodrigues
Giselle Bohn
Guilherme Belopede
Guilherme da Silva Braga
Gustavo Bechtold
Henrique Emanuel
Henrique Lederman Barreto
Ivana Fontes
Ivana Fontes
Jadson Rocha
Jailton Moreira
Jefferson Dias

Jessica Ziegler de Andrade
Jheferson Neves
João Luís Nogueira
Júlia Gamarano
Júlia Vita
Juliana Costa Cunha
Juliana Slatiner
Júlio César Bernardes Santos
Laís Araruna de Aquino
Laura Redfern Navarro
Leitor Albino
Leonardo Pinto Silva
Leonardo Zeine
Lili Buarque
Lolita Beretta
Lorenzo Cavalcante
Lucas Ferreira
Lucas Lazzaretti
Lucas Verzola
Luciano Cavalcante Filho
Luciano Dutra
Luis Felipe Abreu
Luísa Machado
Manoela Machado Scafuri
Marcela Roldão
Marcelo Conde
Marco Bardelli
Marcos Vinícius Almeida

Marcos Vitor Prado de Góes
Maria Inez Porto Queiroz
Mariana Donner
Mariana Figueiredo Pereira
Marina Lourenço
Mateus Magalhães
Mateus Torres Penedo Naves
Matheus Picanço Nunes
Mauro Paz
Mikael Rizzon
Milena Martins Moura
Natalia Timerman
Natália Zuccala
Natan Schäfer
Otto Leopoldo Winck
Paula Maria
Paulo Scott
Pedro Torreão
Pietro A. G. Portugal
Rafael Mussolini Silvestre
Ricardo Kaate Lima
Rodrigo Barreto de Menezes
Samara Belchior da Silva
Sergio Mello
Sérgio Porto
Thais Fernanda de Lorena
Thassio Gonçalves Ferreira
Thayná Facó

Tiago Moralles
Valdir Marte
Weslley Silva Ferreira
Yvonne Miller

PUBLISHER Leopoldo Cavalcante
EDITOR-CHEFE André Balbo
REVISÃO Camilo Gomide
ASSISTÊNCIA EDITORIAL Nelson Nepomuceno
DIREÇÃO DE ARTE Luísa Machado
COMUNICAÇÃO Thayná Facó
COMERCIAL Marcela Roldão
PROJETO GRÁFICO Leopoldo Cavalcante
CAPA Beatriz Sá e Luísa Machado

© da edição Cachalote, 2024
© do texto Maria Fernanda Vasconcelos de Almeida, 2024

Todos os direitos reservados. Nenhuma parte desta obra pode ser reproduzida, arquivada ou transmitida de nenhuma forma ou por nenhum meio sem a permissão expressa e por escrito da Aboio.

Grafia atualizada segundo o Acordo Ortográfico da Língua Portuguesa de 1990, que entrou em vigor no Brasil em 2009.

Dados Internacionais de Catalogação na Publicação (CIP)
Eliane de Freitas Leite — Bibliotecária — CRB-8/8415

Almeida, Maria Fernanda Vasconcelos de
   Manifesto Marginal / Maria Fernanda Vasconcelos de Almeida. -- São Paulo : Cachalote, 2024.

   ISBN 978-65-83003-23-2

   1. Poesia brasileira I. Título.

24-224680   CDD-B869.1

Índices para catálogo sistemático:
1. Poesia : Literatura brasileira

[2024]

Todos os direitos desta edição reservados à:
ABOIO EDITORA LTDA
São Paulo — SP
(11) 91580-3133
www.aboio.com.br
instagram.com/aboioeditora/
facebook.com/aboioeditora/

[Primeira edição, novembro de 2024]

Esta obra foi composta em Adobe Garamond Pro.
O miolo está no papel Pólen® Bold 90g/m².
A tiragem desta edição foi de 250 exemplares.
Impressão pelas Gráficas Loyola (SP/SP)

A marca FSC® é a garantia de que a madeira utilizada na fabricação do papel deste livro provém de florestas que foram gerenciadas de maneira ambientalmente correta, socialmente justa e economicamente viável, além de outras fontes de origem controlada.